계명인성교육총서 · 5

Global Citizenship

심화

글로벌 시티즌십 GPS

| 계명대학교 계명인성교육원 편 |

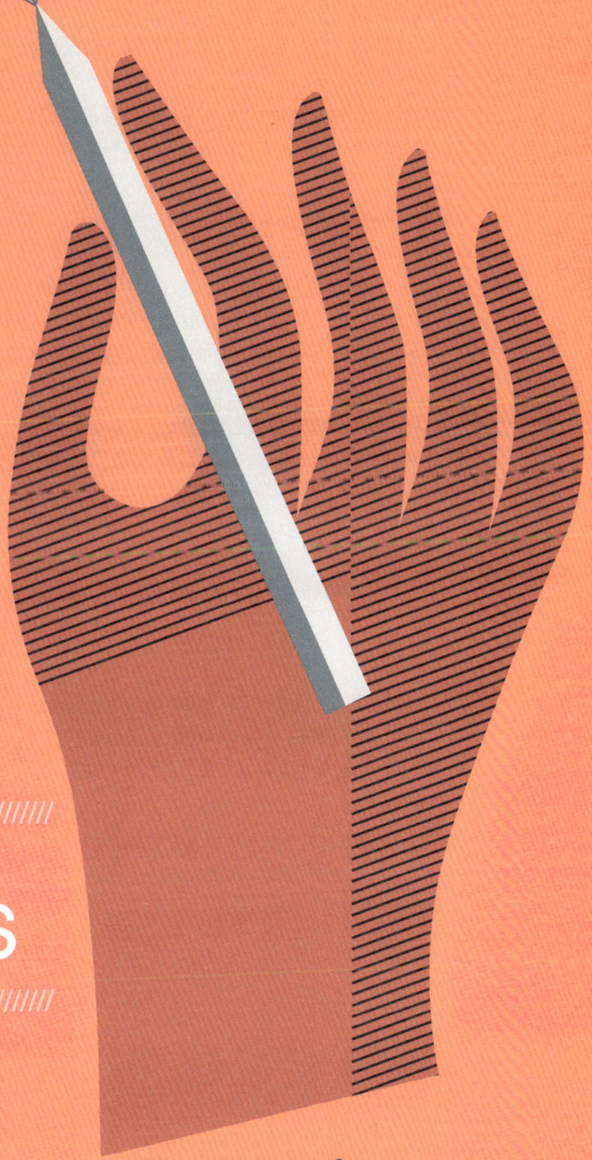

Workbook

계명대학교 출판부

I N T R O

–

2015년 인성교육진흥법이 공포되고 본격적으로 시행됨에 따라 국내 각계각층에서 인성함양의 필요성에 대한 목소리와 인성 교육 방안이 모색되고 있다. 한 마디로 인성운동이 대한민국 전 영역을 화려하게 채색하고 있다 해도 과언이 아닐 것이다. '비인간화'라는 단어는 어느새 우리네 삶의 한복판에 비껴갈 수 없는 거대한 장애물이 되어버렸고 비전과 희망을 품고 힘차게 달려가야 할 학창시절에 정신적 어려움과 바람직하지 못한 행동이 증가하고 있다.

–

어디서부터 어떻게 얽혀 버렸을까? 어쩌면 '인성'이라는 주제가 마치 풀어내기 쉽지 않을 듯 덩그러니 내던져져 있는 실타래처럼 막연한 느낌일지도 모르지만 어떻게든 풀어내어 인간 본연의 모습을 회복하고자 하는 갈망이 곳곳에서 샘솟아 나오고 있다. 그중 가르침의 일선에 있는 교육기관의 움직임을 주시할 필요가 있을 것이다. 무엇보다 다양한 채널을 통해 각 학교급별로 인성교육에 관한 교과 및 비교과 프로그램 마련에 주력하고 활발히 시행되고 있는 분위기 속에서 봄햇살 머금고 피어나는 새싹의 활기찬 기운을 느껴볼 수 있다.

–

계명대학교에서는 인성함양을 위한 특성화된 교과목을 운영하고 있는데, 사람다움에 상처 난 곳이 아물고 부족한 곳이 충분히 채워졌으면 하는 바람을 인성교육의 가치와 내용에 고스란히 담아낸 '글로벌 시티즌십'이 바로 그것이다.

–

본 교과목을 시행하고 피드백과 논의과정을 거치는 가운데 인성과 전문성을 겸한 인재양성을 위해 보다 심화된 인성교육 프로그램의 필요성에 대해 절실함을 가지게 되었다. 그 바람은 자신과 타인에 대한 이해 및 존중, 협동, 배려와 상호소통 그리고 타인을 위한 봉사를 토대로 글로벌 시티즌으로서의 인성과 소양을 갖출 수 있는 프로그램에 대한 고민으로 이어졌고 그 결과 '심화 글로벌 시티즌 GPS'라는 심화 프로그램을 개발하게 되었다.

–

본 프로그램은 기존 교과목의 핵심 내용과 더불어 인간의 심리 및 신체적 요소를 다차원적으로 표현하는데 중점을 두고자 체육, 음악, 미술 영역으로 구성하였다. 프로그램을 통한 다양한 신체 활동은 자기 자신과 타인에 대한 상징들이다. 표현되는 내용들을 함께 경험하고 지각하며 나누는 가운데 상호 간 이해의 폭이 증진되고 이를 통해 보다 심화된 소통과 진정성 있는 협동 및 배려 그리고 봉사가 자율적이고도 자연스럽게 활성화될 것으로 기대한다. 더불어 자기 자신으로 존재할 수 있고 긍정적 의사소통 능력을 증진함으로써 배양된 자기효능감과 인간친화능력을 경험하는 가운데 창의적 인성을 드높이는 실질적 교육의 장을 마련할 수 있을 것이다.

CONTENTS

GLOBAL CITIZENSHIP GPS WORKBOOK

1. 넌 이런 것 같아!

체육과 정직

1. 넌 이런 것 같아! _ 체육과 정직

활동 목표

본 프로그램에 대해 이해할 수 있다.
–
참가자끼리 서로를 알아가며 친밀감을 형성할 수 있다.
–
공동체 의식을 일상생활에서 실천할 수 있다.

도입(10분)

본 프로그램을 소개한다.
–
첫인상의 중요성을 설명한다.

전개(30분)

자기소개를 한다(학과, 이름, 참여 동기).
–
서로 다른 사람의 등에 첫인상을 적어 주고 자신의 첫인상을 감상하고 공유한다.

전개(40분)

조별로 생각카드와 활동카드들 만들어본다.
–
완성된 카드의 지시를 수행해 본다.

정리(10분)

활동을 통해 느낀 점과 앞으로 프로그램에 대한 기대를 공유한다.
–
다음 차시를 예고한다.

유의 사항

자유롭게 이동할 수 있도록 공간을 확보한다.
–
서로 부딪치지 않도록 주의하고 배려해 주도록 안내한다.
–
등에 첫인상 적어 주기를 할 때 상대방에게 불편감을 주지 않도록 안내한다.

활동자료

나를 소개해 봅시다.

피드백 질문 목록은 다음과 같습니다.

- 다른 사람이 적어준 첫인상 중에 가장 마음에 드는 것은?
- 다른 사람이 적어준 첫인상 중에 내가 생각하는 나와 다른 것은?
- 다른 사람이 적어준 첫인상 중에 내가 생각하는 나와 같은 것은?
- 나의 첫인상 중에 나를 힘들게 하는 것은?
- 첫인상 좋은 사람은 어떤 사람일까?
- 내가 생각하는 나의 첫인상은?
- 첫인상으로 사람을 판단한다는 것은 어떤 의미가 있을까?

생각카드와 활동카드의 내용을 구상해 봅시다.

활동을 통해 느낀 점을 써봅시다.

참고자료

< 생각카드 샘플 >

- 나의 대학생활 만족도는?
- 여유 시간이 있을 때 하는 일은?
- 여자 친구가 양다리라면?
- 내게 유익했던 강의는?
- 내가 존경하는 사람은?

< 활동카드 샘플 >

- 옆에 있는 사람과 악수하기
- 전체와 하이파이브하기
- 가장 자신있는 포즈 취하기
- 오른쪽 옆에 있는 사람과 손가락 씨름하기
- 자기 이름 10번 외치기

GLOBAL CITIZENSHIP GPS WORKBOOK

2. 나와 너의 이야기를 음표로 그려요

음악과 공감

2. 나와 너의 이야기를 음표로 그려요 _ 음악과 공감

활동 목표

마음의 이야기를 함께 나눔으로써 친밀감을 형성할 수 있다.

–

서로의 이야기를 공감해 줌으로써 교제를 통해 힐링할 수 있다.

–

노래가 가진 메시지와 스토리를 통해 나의 부정적인 이야기를 긍정적인 이야기로 새롭게 쓸 수 있다.

도입(10분)

프로그램에 대한 소개를 한다.

–

워크북에 자신의 인간관계를 그려본다.

전개(30분)

워크북에 그린 인간관계에 담긴 이야기(좋았던 이야기, 아팠던 이야기, 슬펐던 이야기 등)를 함께 나눈다.

전개(40분)

각자의 관계 중에서 회복하고 싶은 관계의 메시지나 스토리를 담고 있는 노래를 선곡한다.

–

각자 선곡한 노래에 대한 소개, 설명, 선곡 이유 등을 함께 나눈다.

–

노래를 매개체로 하여 새롭게 쓴 긍정적인 이야기를 함께 나눈다.

정리(10분)

프로그램에 대해 느낀 점을 함께 나누고 정리한다.

유의 사항

선곡을 할 때, 국내 가요뿐만 아니라 팝송, 동요 등 다양한 장르로 범위를 넓게 정해준다.

활동자료

나를 중심으로 해서 나와 관계가 좋은 사람, 관계가 좋지 않은 사람, 회복하고 싶은 사람을 중심으로 인간관계도를 한번 그려 봅시다.

나

관계 회복에 도움이 될 만한 메시지나 스토리를 담고 있는 노래를 한 곡 찾아서 각자 선곡한 노래에 대한 소개, 설명, 선곡 이유 등을 함께 나눈 후 새로운 이야기를 한 번 써봅시다.

참고자료

다음은 주제별 선곡의 예입니다.

<친구>

- 김민우 '휴식 같은 친구'
- 안재욱 '친구'

<가족>

- 김진호 '가족사진'
- 인순이 '아버지'
- GOD '어머님께'
- 테이 '어머니'
- 소녀시대 '디얼 맘'

GLOBAL CITIZENSHIP GPS WORKBOOK

3. 동작으로 말해요

체육과 협동

3. 동작으로 말해요 _ 체육과 협동

활동 목표

협동의 필요성을 이해할 수 있다.

–

공동체의식을 증진시킬 수 있다.

–

타인에 대한 배려의 태도를 일상생활에서 실천할 수 있다.

도입(10분)

'조별과제' 또는 '조별활동'으로 빙고게임을 하고 조별활동이나 과제 경험을 나눈다.

전개(30분)

관련 영상을 보고 감정단어, 영화제목, 스포츠 이름으로 목록을 만들고 조별로 단어 맞추기 게임을 진행한다.

전개(40분)

조별로 배부된 동작 릴레이 카드를 하나씩 뽑고 조별로 충분히 연습한 후 발표한다.

정리(10분)

관련 영상을 시청한 후 협동의 의미에 대해 설명한다.

–

다음 차시를 예고한다.

자료 및 준비물

빙고판, 감정단어, 영화 제목, 스포츠 이름, 동작 릴레이 카드, 워크북

유의 사항

빙고게임 활동에서 단어 적기를 어려워하는 경우 완성한 조에서 1~2 단어를 알려주도록 한다.

활동자료

'조별과제' 혹은 '조별활동'을 주제로 빙고 게임을 해 봅시다.

감정단어, 영화 제목, 스포츠 이름에 대한 단어 목록을 써봅시다.

'조별과제'와 관련한 영상을 보고 느낀 점을 써봅시다.

GLOBAL CITIZENSHIP GPS WORKBOOK

4. 나는 당신을 존중해요

미술과 존중

4. 나는 당신을 존중해요 _ 미술과 존중

활동 목표

타인의 행동과 감정을 이해할 수 있다.
–
타인의 행동과 감정을 존중하기 위한 방법을 알 수 있다.
–
타인에 대한 존중의 태도를 일상생활에서 실천할 수 있다.

도입(10분)

'내가 ○○이라면 △△이 참 싫겠다.' 또는 '내가 ○○이라면 △△이 참 좋겠다.'라는 문장을 쓰고, 왜 그런 생각을 했는지 조원들과 이야기를 나눈다.

전개(15분)

현재보다 보다 적극적으로 존중이 필요한 대상을 정하고, 존중의 마음을 표현할 수 있는 방법을 목록으로 만든다.

전개(35분)

'타인 존중의 가치와 방법'을 주제로 한 포스터를 모자이크 형식으로 만든다.

전개(20분)

작품을 전시하고, 발표한다.
–
발표 후 다른 조의 작품에 대한 감상을 포스트잇에 적어서 작품 아래에 붙인다.

정리(10분)

타인 존중의 의미와 방법에 대해 함께 정리하고 차시 예고를 한다.

유의 사항

관련 동영상
공익광고(타인에 대한 배려)
5분 사탐(인간존중)
–
존중의 대상과 방법을 구체적으로 제시할 수 있도록 안내한다.

활동자료

'내가 ○○이라면 △△이 참 싫겠다.' 또는 '내가 ○○이라면 △△이 참 좋겠다.'라는 문장을 써봅시다.

'존중'을 주제로 한 동영상을 보고 느낀 점을 간단히 써봅시다.

다음에 대해서 자신의 생각을 정리하고, 조원들과 함께 이야기해 봅시다.

존중이 필요한 대상	존중 방법	그렇게 생각한 이유

여러분들이 정한 존중의 대상과 방법을 주제로 포스터를 만들어 보겠습니다.
간단한 밑그림을 그리고, 주제를 어떻게 표현할지 조원들과 함께 이야기해 봅시다.

참고자료

2001년 프랑스 교육부가 세계인권선언을 주제로 전세계 12명의 예술가들에게 의뢰하여 인권포스터를 제작, 프랑스의 초중고에 전시했다. 그 중 하나인 이 포스터의 작가 Idrissa Diara(Ivory Coast)가 만든 것으로 제13조 1항 '모든 사람은 각국의 경계 내에서 자유롭게 이전하고 거주할 권리를 가진다.'와 2항 '모든 사람은 자국이나 다른 나라를 떠나거나 자국에 돌아갈 권리를 가진다.'라는 내용으로 한 것이다.

GLOBAL CITIZENSHIP GPS WORKBOOK

5. 글로벌시티즌과 SONG通해요

음악과 소통

5. 글로벌시티즌과 SONG通해요 _ 음악과 소통

활동 목표

여러 나라의 민요나 동요를 매개체로 하여 그 나라에 대한 기본 정보, 인사말, 문화, 에티켓 등에 대해 알 수 있다.

–

이를 통해 글로벌 시티즌으로 갖추어야 할 조건을 형성할 수 있다.

도입(10분)

프로그램에 대한 소개 및 진행 과정을 설명한다.

–

알고 있는 세계 민요나 동요를 공유한다.

전개(30분)

조별로 의논하여 관심 있는 나라의 민요나 동요 중 한 곡을 선택한다.

–

선택한 민요의 나라에 대한 기본 정보, 인사말, 문화(음식, 의복, 생활 등), 지켜야 할 에티켓 등을 조사한다.

전개(40분)

조별로 선택한 노래의 나라에 대해 조사한 내용을 발표한다.

–

조별로 선택한 민요나 동요를 조사한 내용을 가사로 하여 새로운 곡을 만들어 보고 불러 본다.

정리(10분)

프로그램에 대한 느낀 점을 함께 나누고 정리한다.

유의 사항

진행자는 가능하면 대륙별(유럽, 아시아, 아프리카 등)로 다양한 민요나 동요를 준비한다.

활동자료

조에서 선택한 나라의 기본 정보(위치, 언어, 인구, 수도 등), 인사말, 음식이나 의복, 생활, 지켜야 할 에티켓 등에 관해 조사한 것을 써봅시다.

조에서 선택한 민요나 동요의 곡에 그 나라의 기본 정보, 인사말, 음식이나 의복, 생활, 지켜야 할 에티켓 등을 가사로 하여 새로운 곡을 만들어 봅시다.

참고자료

프랑스 동요 '프레르자크'와 '아비뇽 다리 위에서'

프랑스 동요 〈프레르자크〉

프랑스 동요 〈아비뇽 다리 위에서〉

터키 민요 '우스쿠다라'

터키 민요 〈우스쿠다라〉

6. 서로 배려하며 같이 살아요

미술과 배려

6. 서로 배려하며 같이 살아요 _ 미술과 배려

활동 목표

공존을 위해 배려해야 할 대상에 대해 알 수 있다.

–

배려를 위한 올바른 방법을 찾을 수 있다.

–

세계 시민으로 필요한 배려하는 마음을 갖고, 이를 일상생활에서 실천할 수 있다.

도입(10분)

배려의 사례(내가 타인을 배려한 경우, 내가 타인의 배려를 받은 경우)에 대해 함께 이야기를 나눈다.

전개(30분)

'배려하는 삶'을 주제로 홍보 영상을 제작하기 위한 주제를 정하고, 콘티를 만든다.

전개(25분)

콘티에 따라 짧은 홍보 영상을 만들고, 간단한 편집을 한다.

전개(15분)

각 조별로 제작한 홍보 영상에 대해 간단히 설명하고, 해당 작품을 상영한다.

정리(10분)

배려의 중요성과 실천 방법에 대해서 새롭게 알게 된 점과 느낀 점에 대해서 정리한다.

유의 사항

홍보 영상 제작 시 다양한 형식(인터뷰, 뉴스, 광고, 다큐채널 등)으로 만들 수 있도록 하고, 영상은 1분 내외가 되도록 한다.

–

배려의 대상과 방법을 구체적으로 제시하도록 안내한다.

활동자료

내가 다른 사람에게 배려를 받은 경험과 내가 다른 사람을 배려했던 경험을 구체적으로 써봅시다.

'배려'를 주제로 한 동영상을 보고 느낀 점을 간단히 써봅시다.

'배려하는 삶'을 주제로 한 홍보 영상을 만들기 위해 주제를 정하고 내용을 구성해 봅시다.

(1) 주제

(2) 주요 내용

(3) 콘티

'배려하는 삶'에 관한 홍보 영상을 만들면서 느낀 점과, 다른 조의 홍보 영상을 보면서 느낀 점을 간단히 써봅시다.

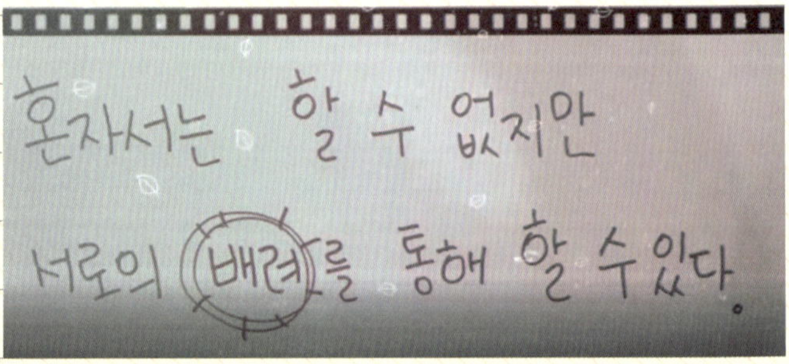

7. 세계 시민으로 함께 살아요

미술과 배려

7. 세계 시민으로 함께 살아요 _ 미술과 배려

활동 목표

세계시민으로서 공존하기 위해 배려해야 할 대상에 대해 알 수 있다.

–

배려하는 마음을 갖고, 이를 일상생활에서 실천할 수 있다.

–

배려의 중요성과 방법을 널리 알리고, 함께 실천할 수 있다.

도입(10분)

세계 시민으로 사는 데 필요한 배려의 가치에 대해서 이해한다.

전개(20분)

세계 시민으로서 필요한 '배려의 가치'를 메시지로 담은 소품을 기획한다.

전개(30분)

조별로 '배려의 가치'를 주제로 한 소품을 1개 이상 만든다.

전개(20분)

각 조별로 제작한 상품의 의미와 특성을 발표한다.

정리(10분)

배려의 가치에 대해서 알고, 오늘 활동에 대한 느낀 점을 정리한다.

유의 사항

배려와 관련한 다양한 예술 활동을 제시한다.

활동자료

배려를 주제로 한 동영상을 본 후 느낀 점을 간단히 써봅시다.

배려의 가치를 주제로 한 소품을 기획해 봅시다.

우리 조가 생각하는 배려의 가치는

우리 조가 만들 소품은

우리 조에서 만든 소품의 이름과 의미를 간단히 써봅시다.

	이름	의미
소품 1		
소품 2		
소품 3		
소품 4		

'배려의 가치'와 관련한 활동을 하면서 느낀 점을 써봅시다.

GLOBAL CITIZENSHIP GPS WORKBOOK

8. 컴 투게더, 아이디어를 모아요

수업통합형 뮤지컬

8. 컴 투게더, 아이디어를 모아요 _ 수업통합형 뮤지컬

활동 목표

상호지원 환경의 중요성에 대해 이해할 수 있다.
–
공동목표 달성을 위한 조화로운 친밀성을 추구할 수 있다.
–
조별로 대본의 전체적인 줄거리를 완성할 수 있다.
–
줄거리를 완성하는 과정에서 봉사 정신을 함양할 수 있다.

도입(10분)

진행자를 소개한다.
–
컴 투게더 프로그램을 소개한다.
–
친밀감과 상호지원 환경이 뮤지컬 준비와 발표에 미치는 중요성을 설명한다.

전개(30분)

본 프로그램 전체 과정을 회상한다.
–
조별 뮤지컬 주제 찾기를 수행한다.

전개(40분)

주제와 관련하여 전체적인 줄거리를 구상한다.
–
줄거리를 완성한다.

정리(10분)

조별 뮤지컬 줄거리 완성 과정에 따른 에피소드를 정리해본다.
–
'컴 투게더, 아이디어를 모아요' 과정을 통해 얻은 느낌을 정리한다.

유의 사항

뮤지컬의 통합적 특성을 강화할 수 있도록 심화 프로그램 전체 과정의 회상에서 음악, 미술 및 각 덕목의 요소를 명료하게 전달 및 회상할 수 있도록 돕는다.

활동자료

뮤지컬 주제에 대해 이야기해 봅시다.

뮤지컬 주제를 찾아서~ 기상천외한 발상^^

우리 조 뮤지컬 주제는 ______________________ 다.

우리 조의 뮤지컬 제목을 써봅시다.

내가 생각하는 뮤지컬 제목은...

줄거리를 뚝딱뚝딱 만들어 봅시다.

뮤지컬 줄거리

'컴 투게더, 아이디어를 모아요' 활동을 하면서 인상적이었거나 기억에 남는 에피소드를 써봅시다.

에피소드 공유하기

'컴 투게더, 아이디어를 모아요' 프로그램에 참여하면서, 느낀 점을 써봅시다.

나의 느낀 점은

GLOBAL CITIZENSHIP GPS WORKBOOK

9. 컴 투게더, 노래와 춤을 함께 해요

수업통합형 뮤지컬

9. 컴 투게더, 노래와 춤을 함께 해요 _ 수업통합형 뮤지컬

활동 목표

공동목표 달성에 필요한 책임 의식을 증진시킬 수 있다.
–
조별로 뮤지컬 대본을 완성할 수 있다.
–
뮤지컬 대본완성 과정에서 책임적으로 행동할 수 있다.

도입(10분)

공동 목표 달성 과정에서 책임 의식이 지닌 중요성에 대해 인지한다.
–
뮤지컬 대본 제작에 대해 간략하게 설명한다.

전개(30분)

뮤지컬 대본(7분 분량)을 제작한다.

전개(40분)

대본에 따라 이전 각 프로그램의 핵심 및 인상적 요소를 적절히 배치하여 대본을 완성한다.
–
완성 대본에 따라 역할을 분담한다.

정리(10분)

뮤지컬 대본 제작과 완성 과정에서의 에피소드를 정리해본다.
–
컴 투게더, 노래와 춤을! 과정에서의 느낌을 정리한다.

유의 사항

이전 프로그램 회상에서 탐색된 핵심 및 인상적 요소를 뮤지컬 대본에 잘 활용할 수 있도록 돕고, 대본이 완성되기까지 각자의 책임의식이 지닌 의미에 대해 인지할 수 있도록 돕는다.

활동자료

'컴 투게더' 대본을 완성해 봅시다.

이전 각 프로그램의 핵심 및 인상적인 요소를 어떻게 대본에 배치할까? 나만의 아이디어를 적고 공유해 봅시다.

뮤지컬 대본을 제작하면서 있었던 에피소드를 정리해 봅시다.

역할 분담을 하는 과정에서 있었던 에피소드를 써봅시다.

'컴 투게더, 노래와 춤을 함께 해요' 프로그램에 참여하면서, 느낀 점을 써봅시다.

GLOBAL CITIZENSHIP GPS WORKBOOK

10. 컴 투게더, 뮤지컬 축제를 즐겨요

수업통합형 뮤지컬

10. 컴 투게더, 뮤지컬 축제를 즐겨요 _ 수업통합형 뮤지컬

활동 목표

조별로 뮤지컬을 발표할 수 있다.

–

뮤지컬 발표를 준비하고 발표하는 과정에서 책임감을 강화할 수 있다.

–

책임을 다한 참가자에게 진심 어린 칭찬을 할 수 있다.

도입(5분)

뮤지컬 발표 진행 방식에 대해 간략하게 설명한다.

전개(20분)

뮤지컬 발표를 위해 각 조별로 최종 점검을 한다.

–

점검과정에서 책임 의식과 책임감 있는 행동의 중요성을 인지시킨다.

전개(55분)

조별로 뮤지컬을 발표한다.

–

조에 관계없이 책임을 다한 구성원에게 칭찬할 수 있도록 한다.

정리(10분)

뮤지컬 발표 전체 과정에서의 에피소드를 정리해 본다.

–

'컴 투게더, 뮤지컬 축제를 즐겨요' 과정을 통해 얻은 느낌을 정리한다.

유의 사항

뮤지컬 발표과정에서 각 조별로 만족스러운 발표를 위해 칭찬 시간을 포함한 전체 전개 과정에서 구성원들의 책임감과 책임적 행동의 중요성을 융통성있게 인지시킨다.

활동자료

최종 점검 내용을 간략하게 써봅시다.

우리 조의 멋진 발표를 위한 나의 각오를 써봅시다.

우리 조의 뮤지컬 발표에서
내가 맡은 역할은
____ 다.

우리 조가 발표를 멋지게 잘 하도록
어떻게 하면 내가 맡은 역할을
책임감 있게 해낼 수 있을까?

책임감을 위한 나의 아이디어는,
____ 다.

조원들을 칭찬해 봅시다.

나는 이 사람을 칭찬합니다!
당신이 맡은 역할은
______________________________ 다.

당신은 이 역할을 하면서
첫째, ______________________________
둘째, ______________________________
셋째, ______________________________

이런 점에서 최고의 책임감을 보였으므로
이렇게 진심으로 칭찬합니다.

발표 과정에서 기억에 남는 에피소드를 써봅시다.

'컴 투게더, 뮤지컬 축제를 즐겨요' 프로그램에 참여 하면서 느낀 점을 써봅시다.

심화 **글로벌 시티즌십 GPS**

집필진

김춘이_ 계명대학교 Tabula Rasa College
-
송현주_ 계명대학교 Tabula Rasa College
-
조명실_ 계명대학교 Tabula Rasa College
-
허선호_ 계명대학교 Tabula Rasa College

사진

박창모_ 계명대학교 홍보팀

심화 글로벌 시티즌십 GPS

초판1쇄 인쇄 2017년 6월 9일
초판1쇄 발행 2017년 6월 15일

지 은 이 계명대학교 계명인성교육원 편
펴 낸 이 신 일 희
펴 낸 곳 계명대학교출판부
출판등록 제347-1998-1호(1970. 9. 1.)
주 소 대구광역시 달서구 달구벌대로 1095
대표전화 053-580-6233
팩 스 053-580-6235
홈페이지 www.kmupress.com

ISBN 978-89-7585-779-9 03320 정가 12,000원

이 도서의 국립중앙도서관 출판예정도서목록(CIP)은 서지정보유통지원시스템 홈페이지(http://seoji.nl.go.kr)와 국가자료공동목록시스템(http://www.nl.go.kr/kolisnet)에서 이용하실 수 있습니다.(CIP제어번호: CIP2017013654)